Just say "KNOW"

—Timothy Leary

Tim Leary (Foto von Panacea Entertainment Management and Communications)

Timothy Leary

Über die Kriminalisierung des Natürlichen

Der Grüne Zweig 138

Tim Leary
Über die Kriminalisierung des Natürlichen

Aus dem Amerikanischen übersetzt
und leicht bearbeitet von Werner Pieper.
Erstmalig pubiziert in »Psychedelic Monographs & Essays«.
Dank an Thomas Riedlinger, Thomas Lyttle
und Micky Reman für ihre Mitarbeit.
Gestaltung: Petra Petzold/Werner Pieper
Satz: Petra Petzold
Druck: Maro, Augsburg
Der Tanz ums Goldene Kalb, von Moritz Reichelt
Verlegt von
Werner Werner Pieper's Medienexperimente
D-6941 Löhrbach

ISBN 3-925817-38-7

Neurotransmitter
sind die ultimativen Waffen
der Demokratie

Das Leben ist
A Southern Exposure

Jeder weiß, daß sich das Leben auf diesem Planeten irgendwo unten in der heißen, dicken und dampfenden Ursuppe der Tropen entwickelt hat. Die ersten Lebensformen waren faule, einzellige, amöboide Sauna-Hedonisten mit unstillbarem Appetit. Alles war organisch und natürlich, nichts war amoralisch, verboten oder illegal.

Unter den matschigen Einzellern brach ein teils vorprogrammierter, sich selbst stimulierender Wettbewerb der Nahrungsketten aus. Gesucht wurde eine Diät, die zu neuen Programmen körperlicher Fitness und karriereorientierter Selbstentwicklung führte.

Daraus resultierte ein sich anhäufender Materialismus, der wiederum den Technologien der YUPPs (Young Urban Post Protozoa) zum Durchbruch half: verschärfte Wahrnehmung, HiFi Auraempfang, und, vor allem, gelenkige Finger waren die Hits der munteren Mutanten.

Vor einigen hundert Millionen Jahren setzte ein vorhersehbarer Boom nach High-Tech Jagd- und Fischereiausrüstung wie Knochen, Krallen, Zähnen und Stoßzähnen ein. Zeitgleich wurde die Mode der Saison um erotische und attraktive Materialien wie Fellmäntel, Federboas, Lederkleidung und Schlangenhaut bereichert.

Eine jüngere Generation selbstbestimmter Organismen entwickelte auto-mobile Körper, die mit Hilfe von Tentakeln, Flügeln und Beinen die soziale Leiter höher stiegen und sich dabei neumodisch bewegten: sie schlängelten sich, sie krochen, liefen, sprangen, ja, sie flogen durch die Lüfte hin zu den exklusiveren, weil besser temperierten Stadtvierteln. Sehr beliebt wurde in der Folgezeit der Wohnraum zwischen der 30. und 45. Straße (global auch »Breitengrade« genannt), im Norden wie im Süden.

Auch die menschliche Spezies ist ein Kind der Tropen

Drunten im Süden, in den lauschigen und bestens ausgestatteten Urwäldern um den Äquator, benötigten unsere ersten Vorfahren keine komplizierten künstlichen Überlebenstechniken. Immerwährende Summertime – and the living was easy. Den dunkelhäutigen Körpern fehlte es an nichts, was der ursprüngliche Mensch benötigte, um in seiner Umwelt zurecht zu kommen.

In der Altstadt des tropischen Dschungels bewegte man sich per pedes fort. Die Nahrungsaufnahme wurde durch ein manuelles Verteilungssystem gesichert. Soziale Beziehungen und zwischenmenschliche Kommunikation geschahen mit Hilfe von Mimik, Gestik und dem gesprochenen Wort. Die Vorfahren stolzierten und promenierten. Semiotiker nennen dies heute »Körpersprache«. Es bestand ein direkter, hautenger, experimenteller Zugang zu den Erzeugermärkten und Energiezentren, von denen das Überleben des Menschen abhängig war. Natürlich dezentral.

Wir reden hier von den Grundlagen des Immobilienhandels: Sonnenenergie, klares Quellwasser. Wohnhöhlen mit Feuerstellen für Holz. In der direkten Nachbarschaft Selbstbedienung beim Naturkosterzeuger: Gemüse, Obst, Geflügel, Fisch und Fleisch allzeit in Reichweite.

Unsere vor 25 000 Jahren neugeborenen Vorfahren waren mit einer weiteren machtvollen Überlebenshilfe ausgerüstet: Ihre mit etwa 100 Milliarden Neuronen bestückten Gehirne waren von ähnlichem Kaliber wie die unsrigen heute. Erst jetzt begreifen wir, daß jedes dieser Neuronen die gedankenverarbeitende Kapazität eines IBM PC oder Macintosh Computers besitzt. Die Software (hier: Gedanken), mit welcher diese erstaunliche neurologische Ausrüstung betrieben wird, reagiert augenscheinlich auf Informationen der lokalen Umwelt.

Markenname unserer Spezies ist »Homo sapiens«. SAPIENS. Das bedeutet »Mensch, der Informationsverarbeiter; Denker von Gedanken«. All diese parallel arbeitende, neurologische Super-Power-Mainframe-Intelligenz wurde mit einem angeschlossenen Megabyte-Erinnerungsvermögen in unsere schwarzen, krausköpfigen Tropenhirne installiert. Beides zusammen verursachte in den Schädeln unserer Altvorderen ein mächtiges Brodeln und Brüten.

So wie unsere Bräuche offensichtlich entworfen wurden, um Nahrung zu verarbeiten, so sind unsere Gehirne designed, um Informationen aufzunehmen und zu verarbeiten. Diese Vernetzung führt unausweichlich zum Nachdenken über die Frage, warum sich Dinge so ereignen, wie sie es nun mal tun.

Was müssen wir z.B. tun, damit unsere Grundbedürfnisse nach Energie/Licht/Wasser/Gemüse gestillt werden? Wie läßt sich der jeweilige Nachschub sichern? Was verursacht Trockenheit? Haben wir vergessen, die Wasserrechnung zu begleichen? Wenn dem so ist: an wen müssen wir was bezahlen? Was veranlaßt Tiere, die uns lange Zeit mit ihrem Fleisch das Mittagessen veredelten, plötzlich zu verschwinden? Was haben wir denn unseren gefiederten und behaarten Freunden getan, daß sie uns verlassen? Wer steuert die Super-Mächte der Fruchtbarkeit, Schwangerschaft und Geburt? Warum gibt es Krankheit und Tod?

Fragen des Haushaltsplanes und der Begleichungen von Rechnungen der Versorger menschlicher Grundbedürfnisse/Ressourcen fallen in die Abteilung Religion. Die ersten sich im Süden entwickelnden menschlichen Stammeskulturen beteten verständlicherweise die Natur an, und dort fanden sich viele Götter. Der Überlebens-Pantheismus war den äußeren Bedingungen angepaßt. Der InformationsInput eines jeden Stammes, der auf nachbarschaftliche Netzwerke begrenzt war, wurde, wie Religion, direkt persönlich und praktisch erfahren. Die Götter (hier: höhere Mächte und die Versorgungsbetriebe) waren örtlich gebunden und jedem Individuum zugänglich und verfügbar.

So entwickelte jeder Stamm seine eigene Mythologie. Jede Person konnte sich aus dem Fundus der Rituale Favoriten heraussuchen, um theologische Deals abzuschließen. Götterkräfte durchströmten den individuellen Körper.

»Hey, was ist das für'n Zeug. Es läßt all meine Gedanken tiefgründiger erscheinen!«
(aus: The New Yorker Magazine, von W. Miller)

Die Einnahme heiliger Pflanzen gehörte zu den meisten ur-religiösen Zeremonien. Veränderte Bewußtseinszustände wie Trance, Besessenheit und Visionen waren die Folgen. Den Pflanzen innewohnende Substanzen ermöglichten es dem Heiden, in einen intensiven Dialog mit seinem göttlichen Ansprechpartner zu treten.

Der Körper spielt beim religiösen Ritual eine hervorragende Rolle: er trommelt, singt und tanzt. Der Körper bietet alle Überlebenswerkzeuge und Hilfsmittel zur Anbetung. Entsprechend wird er in seiner paradiesischen Nacktheit (heute: wie in aufklappbaren Illustriertenabbildungen?) zur Schau gestellt und glorifiziert. Selbstverständlich spielt die Frau in der heidnischen Kultur eine herausragende Rolle, sieht man doch ihren Körper als Produzenten des Lebens schlechthin an.

Die tropischen Breitengrade vermitteln eine ganz natürliche Einstellung zu Göttern, Menschen und Gesetzen. Für unsere prähistorischen Vorfahren war nichts illegal.

Die Menschheit zieht gen Norden – in die gemäßigten Zonen

Die mannigfaltigen Gründe für die nächste Stufe menschlicher Weiterentwicklung und den Umzug in die milderen Temperaturzonen liegen auf der Hand: klimatische, psycho-geografische und logistische. Die gemäßigte Zone (zwischen dem 30. und 45. Breitengrad) eignete sich für die komplexe Kulturentwicklung des Menschen besser als frostige Kälte (45. bis 60 Breitengrad) oder die Tropen.

Dreh die nächste Weltkarte, die du siehst, einfach mal auf den Kopf. Du wirst bemerken, wie groß die Landmasse der nördlichen Halbkugel ist: überwältigend. Bemerke auch, daß alle großen Wasserstraßen, Seen und Flüsse, die Landmassen des reichen und geschäftigen Nordens durchziehen. Stell dir vor, das Mittelmeer läge in der Mitte Afrikas und würde vom Nil und vom

Kongo gespeist. Das riesige Maul der Meerenge von Gibraltar würde sich dem Atlantik bei Angola öffnen. Bemerke, daß sich fast alle überdauernden Zivilisationen in jener Zone zwischen dem 30. und 45. Breitengrad entwickelten.

Das Leben im milden Norden stellt höhere Anforderungen als das Leben unter und auf den Bäumen des Urwaldes. Deine Jagd- und Sammler-Kreditkarte ist hier allein nichts wert, Junge. Die natürlichen Schlaraffenland-Techniken reichen nicht mehr aus. Nördlich der 30. Straße sind Selbstbedienungsläden für Fleisch und Gemüse rar, und ewiges Anschreiben gilt nicht mehr. Hast du Lust auf Delikatessen, mußt du anfangen Holz zu schnitzen und Steine zu Werkzeugen bearbeiten. In den Jahren zwischen 4000 v.d.Z. bis 1500 n.d.Z. wurde der Streifen zwischen der 30. und der 45. für eine Landebahn frenetisch-genetischer HighTech-Entwicklung gerodet. Du kannst diese Zivilisationsautobahn mit den Fingern auf der Landkarte nachziehen. Lies die Namen der Ausfahrten: China, Indien, Persien (immer noch Baustelle!), Babylonien, Ägypten, Griechenland, Rom, Spanien, Portugal.

Spürst du den Tatendrang?

Auf diesem schmalen Highway schaukelten Kamelkarawanen und Pferdekarren, zogen Legionen vorbei, in Sichtweite Segelschiffe und Kreuzfahrergaleeren, später abgelöst durch Verkehrstechnologien des EisenZeitalters.

Neue Erfindungen ermöglichten diesen Umzug ins bessere Viertel. Der Mensch baute sich neue Werkzeuge, entwickelte neue Technologien des Transportes und verbesserte die Kommunikationswege. Das Alphabet, die Möglichkeit des »Auf-Schreibens«, eröffnete neue Kommunikationswege über größere Entfernungen.

Stell dir das einmal vor: aus ursprünglich kleinen Horden mit ein paar hundert oder tausend Seelen und ebensogroßem Gen-Pool entwickelten sich im Laufe der Zeit Nationen, die Millionen und Abermillionen aufsaugten und absorbierten. Kannst du das visualisieren? Kollektive hielten diese zentalistischen, feudalen Gesellschaftssysteme zusammen.

In solch einer hierarchischen Struktur wurde das Individuum zum abhängigen Rädchen im Großen Getriebe. Im Alten Rom erhielt man Wasser, Nahrungsmittel, Unterkunft und Sicherheit nicht mehr direkt durch eigenen natürlich/physikalischen Einsatz, sondern alles wurde von den Versorgungsbetrieben des Caesar geliefert.

Politik war nicht mehr auf die persönliche Konfrontation mit dem Nachbarn und seiner Familie beschränkt. Plötzlich gehörte es zum guten Ton, sich einem Herrscher zu unterwerfen.

Religion war nicht mehr eine persönliche, per Handschlag besiegelte Abmachung mit dem lokalen Gott (im Original: G.O.D. = God on Duty, d.Ü.). Plötzlich handelte es sich um eine sehr komplizierte politische Koda der Instruktionen, Befehle, Strafen und Belohnungen, welche auf Steintafeln und in illuminierten Manuskripten festgehalten wurden. Bürokratische Priester, denen man nachsagte (oder die es von sich behaupteten), vom Schöpfer des Lebens höchstpersönlich dazu befugt worden zu sein, verwalteten jene Gottesgebote. Sie erlaubten keine Abweichungen und Verstöße gegen jene moralischen Codes und Gesetze.

Aus den Bewohnern der 30.-45. Straße, ehemals freien Individuen, entwikkelten sich total abhängige und unterwürfige Vasallen. Unter der Bevölkerung der Tropen kam ein gewisser primitiver Stolz auf, war sie doch in der Lage, ihre Tische ohne großen Aufwand, ohne Neid und Feindschaften zu produzieren und zu decken. Alles, was die Leute brauchten und hatten, waren die Fähigkeiten des eigenen Körpers, Dschungel-Schläue und kleinere Bestechungsdeals mit den Versorgungsgesellschaften. Dieses Selbstwertgefühl, dieses Urvertrauen war den Mitgliedern feudaler Gesellschaften fremd.

Tiefe Einblicke in jede menschliche Kultur und den dazugehörigen Gen-Pool bieten Beobachtungen der jeweiligen Einstellung z.B. Tieren gegenüber. Welche Rolle spielt der menschliche Körper und speziell der weibliche Körper in einer Kultur?

In polytheistischen Gesellschaften betet man Naturkräfte an, seien es Geister der Tiere oder die nackte Form des attraktiven, gesunden Menschen. Check mal die religiöse Kunst in den Höhlen-Galerien heidnischer Völker.

Die feudalen Gesellschaften stehen dazu in starkem Kontrast. Hier dreht sich alles um einen alleinherrschenden älteren GottesMann – das monotheistische Prinzip. ER allein sitzt, in Gewänder verhüllt, auf dem Thron. Diesen ChauviGott sieht man nie barfüßig oder gar nacktarschig durch die 30.-45. Straße flanieren. Nichts ist je über seine nackte Schönheit oder seine Anmut berichtet worden. Kannst du dir Jehova auf dem Cover des »Rolling Stone« vorstellen?

Monotheistische Religionen tendieren zu einer Verleugnung des Natürlichen. Sie verachten den Körper. Sie manifestieren einen puritanischen Haß, wenn es um nackte Frauenkörper geht. Sowohl bei orthodoxen Christen als auch bei Moslems und Juden ist die Verhüllung der Frau mit schwarzen Kleidern und Gewändern Teil der Kultur. Diese billige und unmodische Kluft wurde entworfen, um ihr lebensbejahendes Image zu verhüllen. Ihre Nacktheit wird allenfalls zum Eigentum des Ehemannes – von Gottes Gnaden.

Doch das Leben in der Feudalgesellschaft bedeutet nicht für alle Unterwerfung und totalen Puritanismus. Der Mann kann jederzeit seine Frau, seine Kinder und sein Kamel verprügeln. Die größte Freudenquelle wahrer Gläubiger, ahem, scheint darin zu bestehen, sich ein Schwert umzuschnallen und die Altstadt jenseits der 30. Straße aufzumischen. Dort kann er dann die Überlegenheit seines Gottes und seines Gen-Pools durch das Abschlachten unschuldiger naturliebender Menschen der Tropen unter Beweis stellen. Kreuz-Züge gegen Ur-Grüne.

Seit mehr als zehntausend Jahren haben Völker aus dem Norden immer wieder jene des Südens invasioniert, sie erobert und versklavt. Tötet sie! Plündert sie aus! Vergewaltigt sie! – Und all dies im Namen Gottes und des jeweiligen weltlichen Herrschers daheim, denn diese Menschen im Süden gelten nichts. Sie sind Heiden, Ungläubige, Analphabeten. Unmoralisch, nackt und primitiv. Sie lehnen den Einen Gott ab, daher haben wir die Metallschwerter, die geschriebene Bibel, die Kavallerie, die Schiffe – und sie haben nichts.

Die Invasion und Kolonialisation des Südens durch den Norden führte zu einer bemerkenswerten »genetischen Umschichtung« bzw. einer kulturellen Infiltration. Die Kolonialherren ließen auf ihren »Besitztümern« feudalistisch organisierte Städte bauen, dazu Straßen, Häfen, Kirchen, Brücken usw. Sie drängten den dort Einheimischen ihre neumodischen künstlich-sozialen, politischen, religiösen, kulturellen und sprachlichen Regeln und Gesetze auf.

Ein klassisches Beispiel für die Nordisierung des Südens ist die Eroberung und Besetzung SüdAmerikas durch die Spanier. Das Feudalsystem der Zentralisation, des Monotheismus, der Bürokratie, der Hierarchie und der militärischen Kontrolle, das in Madrid seinen Ursprung hatte, produzierte in der Kolonie eine originalgetreue Nachbildung des Spaniens des 15. Jahrhunderts.

Die vormals freien Menschen SüdAmerikas fanden sich plötzlich unvermittelt in der Rolle der iberischen Menschen, nämlich als Leibeigene wieder. Sie schlurften aufs Feld und dann in die Kirche, und sie knieten sich nieder und bekreuzigten sich genauso wie die unfreien Vasallen nördlich der 36. Straße, in Spanien.

In der kälteren Zone werden Gott und die Menschen maschinell ausgerüstet, der Süden kontert mit Götterspeise

Ohne Handwerkszeug hätten jene feudalen König- und Kaiserreiche rund ums Mittelmeer nicht erbaut werden können. Man war in der Lage, Pferde zu zähmen, Wasser durch Kanäle umzuleiten, Windkraft zu nutzen. Das Volk wurde durch ein kompliziertes Netz aus Gesetzen, Tabus und ethischen Vorschriften zusammengehalten.

Es folgte die industrielle Entwicklungsstufe der Menschheit. Menschen erlernten Maschinen zu bauen, die Werkzeuge fabrizierten. Es war Johannes Gutenberg, der diesen Zeitabschnitt der Evolution mit seiner diabolischen Druckmaschine einläutete. Plötzlich war man in der Lage, Bücher, die vormals alle mit der Hand geschrieben wurden, in größeren Auflagen zu drucken. Die Masse lernte lesen. Der Bildungsstand vieler stieg. Eine logische Folge dieser Vorgänge: die Fabrik-Technologie.

Nimm dir eine Europakarte und laß deinen Finger eine Reise durch die Gegend zwischen dem 45. und 60. Breitengrad machen. Hier liegt die nächste geografische Stufe der Evolution. Du wirst sehen, daß sich die großen Entwicklungsstädte des Industriezeitalters in diesem schmalen Streifen befinden: Mailand, Paris, das Ruhrgebiet, Manchester etc. England, Skandinavien, Deutschland, die UdSSR.

Bemerke den plötzlichen Wandel in der Götterabteilung. Der Islam und der Katholizismus waren die großen feudalen Religionen. Mit dem industriellen Zeitalter kommen Protestantismus und Kommunismus mit ins Spiel. Extrem weiße Menschen beten einen IngenieurGott an, dessen ethischer Befehl wie folgt lautet: »Zieh deine Uniform an und arbeite!«

Der Wahre Bürger zeichnet sich nun durch Eigenschaften aus, wie sie auch von jeder guten Maschine erwartet werden: Zuverlässigkeit, Effektivität, Abhängigkeit und Produktivität.

Es sprechen viele Gründe für die Entwicklung der industriellen Zivilisation in kälteren Zonen: Klima, Logistik und Geopsychologie. Alles dreht sich um Wärme. Um im kühlen Norden ein warmes Wohnzimmer zu haben, braucht es eine Heizquelle. Intern muß Wärme erzeugt, gelagert und weitergeleitet werden. Die Beförderung Newton'scher Energie. Wärme war es, die die Räder der Fabriken ins Rollen brachte. Dampfkraft. Kohlekraft. Öl.

Die Beherrschung der mechanischen Kraft produzierte die industriellen Reiche des 18.-20. Jahrhunderts. Fabrikmäßig hergestellte Dampfer, Eisenbahnen und die Kriegsmaschinerie ermöglichten es weißen Herren, ihre Träume von der Eroberung und Beherrschung der Welt Realität werden zu lassen.

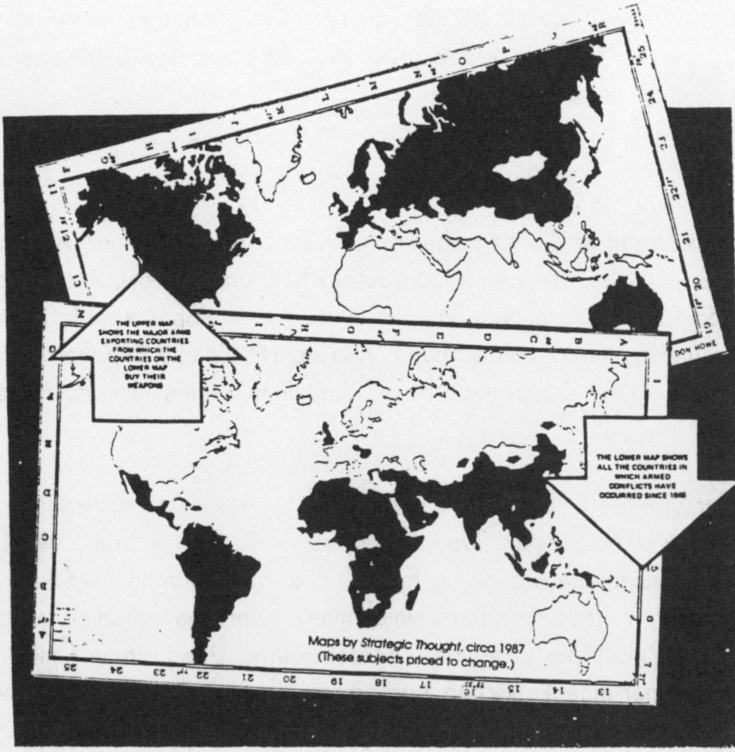

Oben die Weltkarte der Waffenexporteure der Welt, unten die Weltkarte bewaffneter Konflikte seit 1945 (aus: »Strategic Toughts« bzw. »Semiotext(e) USA«)

Und wo befand sich wohl der Energienachschub, den die Fabriken des Nordens so dringend brauchten? Richtig: in den beiden unteren Stockwerken:

– in jenen milden Temperaturzonen, die heute von nördlichen Theologen auch 3. Welt genannt werden
– und natürlich in den Regenwäldern der Tropen, die man nun auch 4. Welt nennt.

Vormals waren es die Herrscher der milden Zone, die Römer, Araber und Spanier gewesen, die gen Süden aufbrachen, um dort Sklaven, Gold und Elfenbein zu plündern. Nun dampfen und jetten Weißhäute südlich, um dort Eisen- und Landebahnen erbauen, TouristenHotels und Fabriken errichten zu lassen – jene dampfspuckenden, qualmigen Tempel der mechanischen Götter.

Wieder übertüncht eine dominierende Kultur aus dem Norden die alten Bräuche und Traditionen. Typische tropische Länder wie Haiti oder Kenya z. B. sind heutzutage wie folgt aufgebaut: Stammeskulturen bilden ein starkes Fundament, welches aber durch ein dünnes Furnier eines feudalen, von Männern bestimmten Militärregimes überdeckt wird. Diese Furnierschicht wird nun von einer amerikanischen, europäischen oder russischen Macht poliert und so glänzend wie möglich gehalten. Eine Weile blendet der Glanz: der Norden exportiert Gewehre und Maschinen. Die Gewehre sind eine Art Motivationshilfe für die Südler, die Rohstoffe aus ihrer Heimaterde zu buddeln, welche daraufhin in den Norden verschifft werden. Mit den Judasgroschen vom nördlichen Handelspartner kann man dann bei selbigem die Gewehre bezahlen. Sie machen sich (inkl. ihre Umwelt) kaputt und die (Waffen-)Dealer machen Kasse.

Was geschieht jedoch zu Vollmond, an Wochenenden und anderen Feiertagen? Rate mal. Ein neuer Trend. Die ausgebeuteten Menschen tendieren dazu, sich wieder auf die Natur zu besinnen. Freudvoll zelebrieren sie ihre alten Rituale: runter mit den Klamotten, die Körper bemalt, Trommeln erklingen und alle tanzen und singen.

Abgesandte des Pflanzenreiches verschmelzen mit menschlichen Körpern und helfen den Menschen, andere Bewußtseinszustände zu erlangen. Nur die Götter wissen, welche Mächte der Natur da wirken. Besessene Menschen ergeben sich sexuellen Aktivitäten und reihen sich in den kosmischen Reigen der Freuden ein. Sie feiern Feste im wahrsten Sinn des Wortes. Die Partys sind Ausdruck jener grundlegenden, zeitlosen Form der religiösen Zeremonie, die eine Einladung an die Götter ist. Durch diese Anbetung bittet der Mensch um Erhörung, bietet er den Göttern sein Leib und Seel' dar, auf daß sie diese »übernehmen«. Erleuchtung.

Glaube mir, während einer heidnisch-religiösen Zeremonie kniet sich niemand hin. Und wenn doch, so sicherlich nicht, um unterwürfig zu bitten und zu betteln.

Diese Erkenntnis wirkte auf weiße Protestanten extrem schockierend. Wir erinnern uns: vorherrschendes Ziel nördlicher Religionen war es, den Teufel, von dem die Bibel behauptet, er triebe sich in den Herzen und Lenden der Menschen herum, auszurotten, zu exorzieren, zu zensieren und zu unterdrükken. Natur bedeutet Sünde.

Religiöse Praktiken der Eingeborenen wurden von nördlichen Priestern als heidnisch, teuflisch und von Übel abgetan. Gottesfürchtige weiße Normalmenschen beschlossen einstimmig, daß Nacktheit, Sex, Rausch und Besessenheit abgeschafft gehörten. Missionare halten bis heute die Stellung.

Langsam aber sicher drängten die mechanischen Kulturen des Nordens in südliche Gefilde vor. In Ostasien, Sri Lanka, Indien, Pakistan, dem Nahen Osten, Nordafrika, Griechenland und der Türkei, vom Iran ganz zu schweigen, dienen fabrikmäßig hergestellte Waffen und Kommunikationsmittel den Einwohnern zur Ausübung jenes herrschaftlichen Sportes, dem schon andere Feudalherren ergötzlich frönten: den fanatischen, völkermordenden religiösen Kreuzzügen.

Seit Jahrhunderten brauen sich im Süden Schwierigkeiten zusammen: Hunger, Trockenheit, Armut, Überbevölkerung, rassistische und religiöse Konflikte, endemische Kriege, wachsender Terrorismus und ein sich ständig steigernder Zorn der Bevölkerung auf die Herren des Nordens und der Kultur.

Nun hat es den Anschein, als wollten jene Menschen ihren Zorn nicht mehr nur daheim im Süden abreagieren. Seine geografische und politische Quarantäne wird durchbrochen und zielt auf die Industrienationen des Nordens. Ärger steht an. Draußen vor der Tür.

Invasion des Nordens durch die übernatürlichen Mächte des Südens!

Der wirtschaftliche und kulturelle Verkehr zwischen Nord und Süd verlief nie auf einer Einbahnstraße. Der Norden exportierte Produkte menschlichen Schaffens: Werkzeuge, Maschinen, Gewehre, Gesetzbücher, politische Konstitutionen, kulturelle Regeln und religiöse Tabus. Alles rechtlich geschützt & patentiert.

Der Süden exportierte seine natürlichen Ressourcen: Rohmaterialien, Erze, kostbare Edelsteine, Tropenhölzer, Gewürze, Kräuter, exotische Früchte. Und natürlich Öl. Alles Gaben von Mutter Erde.

Am wichtigsten jedoch: menschliche Körper in Form von Sklaven oder Gastarbeitern, die, wenn sie sich uneingeladen im Haus der Weißen Herren bewegen, heute Asylanten genannt und nicht gern gesehen werden.

Nun überleg mal, was denn diese armen unbedarften Heiden auf ihren Sklavenschiffen und Immigrationsbooten mit herüberschmuggeln? Genau jene kostbaren Güter, die von den Herren des Nordens der eigenen, hart arbeitenden, gottesfürchtigen, eingeschüchterten Bevölkerung seit Jahrhunderten vorenthalten, verboten und zensiert worden waren. Genau das, wonach die mechanischen Roboter-Menschen lechzen: Heidnische Kultur! Vielgötterei!

Anbetung des Natürlichen! Lebensfeiern! Die jubilierende Umarmung uralter biologischer Kräfte. Der spontane Überschwang der Sinne. Weisheit und Bauernschläue. Seit Jahrhunderten haben Bewohner der Kolonien die »frommen« weißen Leute beobachtet (und zu verschmähen gelernt), während diese weltweite Paraden abhielten, um mit ihren Gewehren und Kreuzen herumzuprotzen.

Die heimtückische Kulturinvasion aus dem Süden begann in den Wilden Zwanzigern. Gerade fing es intelligenten Nordlichtern an zu dämmern, daß für die Mechanisierung im Nachhinein ein stolzer Preis zu zahlen sei.

Die Jazzmusik der »Swinging Twenties« war es, die das heidnische Revival anstimmte. Musiker folgten nicht mehr den Bewegungen eines Dirigenten, den Anweisungen eines musikalischen Direktors oder festgelegten Notenbahnen auf Papier. Improvisation, synkopische Musik, Innovationen waren angesagt. Jazzmusiker wurden zu Besessenen. Sie fielen in Trance. In den USA, in der UdSSR und auch in Europa wurde die Akzeptanz des Jazz zum ersten Zeichen, daß das industrielle Ethos einen Knacks bekommen hat.

In den 60er Jahren kam es dann zur definitiven Explosion heidnischer Kulturimpulse. Die Bürgerrechtsbewegung. Black is beautiful. Aufstände in den Ghettos.

Wichtiger jedoch war die Musik. Niemals zuvor hatte ein kulturreligiöses Ereignis die Welt so schnell und durchdringend verändert wie Rock 'n' Roll. Der Grund? Rockmusik ist eine gar wunderliche Verquickung afrikanischer/polytheistischer Rhythmen und europäisch/heidnisch/keltisch/druidischer Texte. Diese magische Mischung wurde nun zusätzlich elektrisch verstärkt, und quantenelektronische Technologie half bei einer globalen Ausbreitung quasi mit Lichtgeschwindigkeit.

Nein, es ist kein Zufall, daß die religiöse Botschaft des Rock 'n' Roll zugleich freudvoll ist, wie sie auch eine totale Absage an den Geist der Mechanisierung beinhaltet. Der Glaube feudaler und industrieller Kulturen, einst verherrlicht, wird nun unterminiert.

BRING THE COLOR GOLD BRING PHOTOS OF PERSONAL SAINTS AND
POW-WOW
A GATHERING OF THE TRIBES
FOR A
HUMAN BE-IN
TIMOTHY LEARY
RICHARD ALPERT
DICK GREGORY
LENORE KANDEL
JERRY RUBIN
ALL S.F. ROCK BANDS
ALLEN GINSBERG
LAWRENCE FERLINGHETTI
GARY SNYDER
MICHAEL McCLURE
ROBERT BAKER
BUDDHA
SATURDAY JAN. 14 FREE
1 TO 5 P.M.
POLO GROUNDS
GOLDEN GATE PK.
SAN FRANCISCO, CALIFORNIA

»I ain't gonna work on Maggie's Farm no more«, singt Bob Dylan. Er drückt damit die Gefühle all jener aus, die der entfremdenden Fließbandarbeit, der Teilnahme an der verpesteten und verpestenden Fabrikkultur überdrüssig sind: die Farbigen, die Menschen aus dem Süden und immer mehr sensibilisierte Weiße.

Die enorm wachsende Popularität psychedelischer Drogen kann als ein weiteres Indiz für das Revival südlicher Lebenselemente angesehen werden.

All jene von unseren Kultur/Politkreisen illegalisierten und verteufelten Neurotransmitter sind ursprünglich im Süden verwurzelt: Opium-Mohn, Coca-Blätter, Cannabis-Blütenstände. Keine dieser pflanzlichen Substanzen ist für Körper & Geist so gefährlich wie die Fabrikware nördlicher Hirnficker: Schnaps, Nikotin und legal verschriebene Euphorika und Frustkiller.

Die Kraft der Pflanzen des Südens (Cannabis, Opium, Koka) bedrohen die Grundfesten von Ordnung und Konformität. Das kreative Chaos nagt an der Basis der Fabrikkultur und erschüttert sie mächtig:

1. Ähnlich wie die Menschen, die sie nutzen, wachsen diese Pflanzen wild. In unwegsamen Gebirgen lassen sie sich weder domestizieren noch leicht kontrollieren. Gehandelt werden sie auf dem Schwarzmarkt, jenem üblen, inoffiziellen, freien Markt, der sich jeder Kontrolle der weißen Bankiers und feudalen Steuereintreiber entzieht. Wildwachsende, billige Pflanzen stehen plötzlich im inoffiziellen Wettbewerb mit dem Sklaven- und Rumhandel der puritanischen Altvorderen.

2. Nördliche Regionen verdammen südliche Drogenrituale als unmoralisch. Ihre Ausübung sei Sünde. Damit haben sie verdammt recht. Sie sind ein Ansporn für persönliche Freiheit, heidnische Feste, Selbstverwirklichung, ekstatische Freuden und sensationelle Sinneserfahrungen. Erinnerst du dich an die Geschichte von Moses und Konsorten in der Bibel? Als sie mit Verspätung den Berg hinabstiegen, ertappten sie ihre Stämme in Partylaune: man tanzte ums Goldene Kalb und weitere Natur-Ikonen. Gotteslästerung! Sünde! Teufelsanbetung! Ekstase!

3. Jene Pflanzen des Südens zu genießen ist ein krimineller Akt. Warum? Weil es die Weißen sind, die Gesetze schreiben; weil weiße Polizeichefs es so sagen!

4. Der Genuß dieser Pflanzen ist nicht nur amoralisch, kriminell und abträglich fürs Geschäft, sondern auch äußerst verräterisch. Das ergibt einen Sinn, oder? Stell dir vor, du bist einer dieser selbstbewußten Eingeborenen, und da kommen plötzlich diese komischen weißen Roboterfreaks, schwingen ihre Gewehre, zerstören die Nachbarschaft und deine Kultur, vernichten deine Familie und verachten deine Götter. Was bleibt denn da als effektivster Akt der Gewaltlosigkeit des politischen Widerstandes? Traditionen wie das Ausüben überlieferter Rituale aufleben lassen. Nimm die entsprechende Pflanze zu dir und werde high. High sein, frei sein, immer dabei sein. Neurotransmitter sind die ultimativen Waffen der Demokratie. Ein paar Züge aus der Opiumpfeife, und schon schwebst du mit deinen Freunden außerhalb des Einzugsgebietes der Wirtschaft des Weißen Mannes. Nichts bleibt in jenen weit entrückten Regionen von seiner religiösen, rechtlichen und politischen Dominanz.

Jahrhundertelang tolerierten und ignorierten die Kolonialherren die Kultivierung und Einnahme dieser neurobotanischen Substanzen. Solange sich dies in den Privatvierteln der Eingeborenen abspielte, war's ihnen wurscht. »Sollen sich diese analphabetischen Narren doch die Hucke vollkiffen. Lassen wir ihnen diese primitiven Kicks, wenn sie vollgedröhnt sind, ist uns das grade recht.«

In den 80er Jahren jedoch wendeten sich immer mehr Angehörige der Nachkriegsgenerationen vom Fließband und vom Kalten Krieg ab und sagten »Nein!«. Diese Kulturrevolution öffnete in der westlichen Welt Türen, durch die ein kräftiger Schub der Ur-Religion des Südens drängte. Die Renaissance pantheistischer Liebe zur Natur äußerte sich als ökologisches Bewußtsein. Anbetung körperlicher Anmut manifestierte sich im Fitness-Boom. In der HipHop-Mode spiegeln sich EthnoElemente wider.

Die kulturelle Akzeptanz psychedelischer Drogen seit den 60er Jahren schließt auch eine Billigung religiöser Rituale mit ein, die ihre Heimat im Regenwald haben. Die Wirkstoffe der Psychedelika werden aus tropischen Pflanzen gewonnen: Psylocibin aus Pilzen, Meskalin aus Peyotl, LSD aus Mutterkorn und, natürlich natürlich, Marihuana und Haschisch von der Cannabispflanze. Standen den Nordlichtern bislang vorwiegend Drogen zur Verfügung, die bestenfalls Euphorie oder Dumpfdröhnung bei der Arbeit erzeugten, damit die werktätige Bevölkerung den Arbeits- und Lebensstreß überhaupt aushalten kann, so sind Psychedelika Fitmacher der anderen Art. Sie verursachen Zustände der Besessenheit, Trance, erweitern das Bewußtsein, fördern (die Suche nach) spirituelle(r) Erleuchtung, lassen dich mit den mystischen Mächten der Natur verschmelzen. Alles ist Eins. Für heidnische Ur-Religionen dienen diese Erfahrungen als Sockel. Für die organisierten Religionen des Nordens sind es die reinsten Alpträume.

Die sogenannte »Drogenkultur« war kein ordinärer Studentenulk. Sie war Teil eines weltweiten Revivals der ältesten Religion der Welt. Die Hippies erfaßten dies intuitiv, als sie stolz & barfüßig & Flöte spielend umherwanderten. Aus Studenten wurden NeoHeiden.

Automatisch wurde Psychiatern, Polizeichefs und Politikern klar, daß es sich bei diesen psychedelischen Experimenten um eine selbstinduzierte Massenhysterie, um einen kollektiven Wahnanfall handele. Die westliche Kulturgeschichte kannte keine Parallelen oder Paradigmen, die dieses bizarre Verlangen »auszuflippen«, des »außer-sich-seins« hätte erklären können.

Soziologisch gesehen ist es sehr bemerkenswert, daß die »Drogenkultur« Amerikas, Europas und, wie wir jetzt langsam erfahren, auch des (Ex-)Ostblocks, geradezu pflichtbewußt die Rituale vorchristlicher Heiden und Polytheisten nachvollzog. In den vergangenen Jahrzehnten gebrauchten Millionen von Menschen in den Industrienationen Psychedelika im Kontext hinduistischer und buddhistischer Praktiken.

Psychedelische Drogen werden in Gruppen genommen, daheim, bei öffentlichen Festen und Festivals. Ken Kesey's Acid Testes. Die Love-Ins. Die Kommunen. Die Musikfestivals. Die Acid House Partys der Neuzeit.

© Winston Smith, aus »The Satirical and Surreal Montage Art«

Die Drogen der Rambo-80er wurden gedrückt, geschnupft, gefixt und gecrackt. Meistens heimlich und allein.

Die Bedeutung der Gruppenerfahrung bei heidnisch-psychedelischen Ritualen läßt sich nicht hoch genug bewerten. Der Drogenverzehr wird innerhalb der psychedelischen Kultur stolz zur Schau gestellt. Er ist schon immer eine Stammeserfahrung der Naturliebe und der Solidarität und wird entsprechend geachtet. »Nur Stämme werden überleben«, sagen die Indianer. Kommunen, sowie die Musik- und andere Szenen setzen die Theorie in die Praxis um. So nimmt es nicht wunder, daß das erste große Be-In in San Francisco entsprechend als »A Gathering of the Tribes« angekündigt wurde. Nur Stämme werden überleben.

Bei Konzerten der Grateful Dead heute erleben häufig 20 000 Menschen eine ähnliche Stimmung: ein ausgelassenes Tanzfest.

Drogengenuß wird zu Drogenmißbrauch, wenn er in narzistischer Einsamkeit vollzogen wird. Im Jahre 1988 nahmen 30 Millionen US-Amerikaner (und ca. 2 Millionen BRDler) sogenannte illegale Drogen zu sich. Weitere 50 Millionen tranken Alkohol. Da sie dies nicht heimlich, still und leise in aller Abgeschiedenheit genossen, setzten sie sich keiner großen Suchtgefahr aus. Wie das? Sie nahmen ihren Stoff gemeinsam mit anderen GenießerInnen zu sich. Gruppenrituale bilden ein soziales Netz und schützen gegen Mißbrauch. Der Stammtisch. Die Kifferrunde. Die Cocktail-Party.

So ist es auch wichtig, hier festzuhalten, daß das bislang effektivste Rehabilitationsprogramm für Alkohol- und DrogenmißbraucherInnen die Gruppe der A.A. (Anonymen Alkoholiker) ist. Diese Gruppe hat Ziele und Taktiken aus dem heidnisch-spirituellen Fundus übernommen. Man offenbart und ergibt sich in einem unterstützenden Gruppensetting einer höheren Macht. Keine Kirche. Keine Regierungsbeamten. Keine Gehälter und Bezahlungen. Keine finanziellen Unterstützungen. Nur eine Kommune-ähnliche Gruppenhilfe.

Das wohl größte Geschenk des Südens an den Norden war die Wiederentdeckung, ja Wiederaufstehung des Körpers. In der Fabrikzivilisation bedeckte der Mensch seine Haut mit Uniformen. Als Vorbilder der mechanischen Gesellschaft galten jene seriösen und seufzenden Herren in Geschäftsanzügen, die wichtigtuerisch und nachdenklich zu ihren oh-so-wichtigen Bürojobs schritten. Kein Mann mit Substanz in Washington, Moskau, London oder Bonn verriet einen Hauch von Humor, Anmut oder gar schillernden Stil. Nur an ihren Krawatten konnte man sie unterscheiden.

Sieh dir mal Wochenschauen aus den 30er oder 40er Jahren an. Weiße Athleten sind meist klein und untersetzt, zeigen Bauchansatz und bewegen sich ungelenk. Hast du einmal in alten Filmen Weiße tanzen sehen?

All dies änderte sich, als auch Menschen aus dem Süden in die Stadien gelassen wurden, als sie Rollen im Film und TV erhielten. Lateinamerikanische Rhythmen. Afro-cubanischer Beat. Karibische Spontaneität auf allen Spielfeldern. Schwarze Anmut und Eleganz im Sport. Ein Vorläufer war Jesse Owens, der schwarze Athlet, der schon die Nazis bei der Olympiade 1936 durch Anmut der Bewegung, Auftritt und Leistung verwirrte (sein Weitsprung-Weltrekord wurde erst 1960 gebrochen).

Das tat gut. Eine einfache Heilung, Balsam für die, ach so geschundene, empfindliche, mechanische weiße Seele. Die SüdländerInnen bereiten die mechanischen NordländerInnen auf das postindustrielle Zeitalter vor. Machen wir uns nichts vor: Schwarze und Latinos haben sich nie auf eine Integration in die Fabrikgesellschaft eingelassen. Sie eignen sich einfach nicht so gut zum Roboter oder Ingenieur.

In den 60er Jahren befiel der Virus des Südens plötzlich die Weiße Jugend. Sie adaptierte Rituale und Lebensstil. Die Sprache, der Gang, die Kleidung und die Lebenseinstellung wurde lockerer. Schwarze profilierten sich auf der Mattscheibe, der Leinwand und auf dem (Sport-)Spielfeld. Einmal mit entsprechendem Ruhm und Reichtum versehen, weigerten sie sich, weiter ein Sklavendasein zu fristen. Sie verlangten, ihrem Wert entsprechend bezahlt zu werden. Schwarze Sportler bekamen endlich, wonach sie sich schon lange gesehnt hatten: unterwegs in den Hotels große, ihrem Körperwuchs entsprechende Betten.

In der Tat waren es in den USA schwarze Athleten wie Wilt Chamberlain und Mohammed Ali, die eine wirtschaftliche Vorreiterrolle für das 21. Jahrhundert formten und übernahmen. In der heutigen Zeit ist ihnen Carl Lewis gefolgt und auf dem Gebiet der Popmusik viele andere wie z.B. Prince, Tina Turner, Michael Jackson etc. In der postindustriellen Gesellschaft bist du kein Sklave oder Leibeigener oder Arbeiter, wenn du gut bist. Du bist ein Performer. Ein freier Agent. Ein Unternehmer (hier: »selbständig etwas unternehmen«).

Diese Entwicklung ist nicht aufzuhalten. In Europa geschieht ähnliches. Auch England und Frankreich haben ihre schwarzen Sport- und Popstars. In Italien begeisterte Maradona die Massen. Nur in Deutschland, habe ich mir sagen lassen, gehts ein bißchen langsamer voran damit. Kein Wunder, da Deutschland seit dem Verlust seiner Kolonien nach dem 1. Weltkrieg keine direkten Verbindungen zum Süden mehr hatte. Aber waren nicht die italienischen Eisdielen in den späten 50ern, auf dem Land teils bis heute, wahre Brutstätten jugendlichen Widerstandes? Wundert es, daß sich 1968 linke Studenten meist beim Italiener oder Griechen zum Essen, Trinken und Philosophieren trafen? Viele ziehen inzwischen Kebab dem Hamburger als Fastfood vor & aus den Radios klingen südliche Sommerhits. Wenn es warm ist, wandeln sich ganze Straßenzüge und viele Parks in den meisten Städten Deutschlands (noch: West) mit vorwiegend türkischer Unterstützung zu wahrhaft lebendigen Plätzen. Sie helfen mit, Freiräume zu schaffen, die von der Jugend genutzt werden (wie z.B. in Berlin-Kreuzberg). Deutsche sind Urlaubsreise-Weltmeister. Sie scheinen sich für die Exotik zu interessieren und dürfen sich jetzt nicht wundern, wenn aus jenen Ländern Afrikas und Asiens, die sie so gerne besuchen, nun Menschen als Asylanten in ihr Land kommen. Es entsteht eine perverse Situation: Menschen müssen unter der Nordlandisierung ihrer Heimat so leiden, daß sie keinen anderen Ausweg sehen, als ihre Heimat zu verlassen und im Norden ihr Glück zu versuchen. Dabei kommen sie oft vom Regen in die Traufe. Andererseits haben sie die große Chance, durch ihr lebendiges Vorbild den Norden zu beleben.

Der Bürgerkrieg zwischen dem Norden und dem Süden ist noch nicht vorbei. In den TV-Nachrichten werden US-Soldaten gezeigt, die in Zentral- und

Südamerika gegen Pflanzen und ihre Anbauer vorgehen. Das lenkt die Zuschauer daheim von anderen, vielleicht naheliegenderen Problemen ab. Da die »Gefahr« des Kommunismus anscheinend gebannt ist, suchen sich die weißen Herren ein neues Feindbild. Dieses ist nicht mehr im Osten, sondern im Süden zu finden – die Drogen.

Je mehr politische Macht in die Hände von Latinos und Schwarzen übergeht, um so offensichtlicher werden die Probleme der Alten Weißen. Unterschwellig läßt sich auf dem Campus und an den Wahlurnen ein neuer Rassismus spüren, nicht nur in den USA, sondern auch in Europa.

Der Zustrom der Migranten aus dem Süden wächst jedoch permanent, an Köpfen und an Einfluß. Bald, sehr bald, werden die Weißen in den meisten Städten der USA eine Minderheit sein.

The South will truly rise again.

Das Goldene Kalb – ein Symbol neo-heidnischer Festivitäten?

von Werner Pieper

Zwei Tage, nachdem ich diesen Text im Urlaub am Strand von Sharm-el-Sheik am Roten Meer übersetzt hatte, fuhr ich mit Familie (als Belohnung) mit dem Bus 280 km direkt in die Wüste. Mir war der Weg das Ziel, da ich die Wüste liebe. Aber das Ziel des Busses war ein Kloster, und plötzlich standen wir, für mich völlig überraschend, vor dem Katharinen-Kloster, das ebendort, wo Moses den Busch brennen sah, erbaut wurde. Den Busch gibt es noch, wenn er auch zwischenzeitlich um ca. 50 m verpflanzt wurde. Als ich den Reiseführer aufgeregt nach jenem Platz fragte, wo das Goldene Kalb stand und wo damals die Party ablief, war dieser nicht so begeistert. Das habe noch niemand gefragt. Und Zeit für einen Halt an jenem Platz sei auch nicht. Warum wurde damals eigentlich kein Goldenes Kamel angebetet? Denn weit und breit ist auf dem Sinai nichts von Kühen und Kälbern zu sehen.

Zurück in Deutschland entdeckte ich in der ersten Zeitung nach dem Urlaub einen langen Bericht über den Tourismus und seine Probleme in Ägypten. Es gelte die Pyramiden zu entlasten, und man weiß auch schon wie: nahe des Berges des Moses wird ein Flughafen gebaut und von dort aus eine vier Kilometer lange Seil/ Bergbahn zu jenem Gipfel, an dem Moses seinerzeit seine Rendezvous mit Gott hatte & die Gesetze empfing.

Daheim erzählte ich Freund Micky Remann nämliche Geschichte am Telefon. Er weist mich auf sein Nachwort zu dem Buch »Pilze« von Hermann von Leistenfels hin, in dem das Goldene Kalb »entschlüsselt« wird:

»Wußten Sie, daß es die Überlegung gibt, ob nicht irgendwelche altindischen Brahmanen ihre Metaphorik nicht richtig auf die Reihe brachten und statt der Pilze, die auf Dung gedeihen, die Kühe heiligsprachen, die den Dung produzieren? Wußten Sie, daß aufgrund solcher Mißverständnisse auch klar wird, warum es tatsächlich ein Götzendienst ist, ums goldene Kalb zu tanzen?

Wußten Sie schon, daß Ahmed, ein Privatgelehrter aus Damaskus, den Propheten Mohammed für einen Pilz-Beseelten hält? Wußten Sie schon, daß der Sprachforscher John M. Allegro – einer der ersten, der die Schriftrollen vom Toten Meer untersuchte – das frühe Christentum als einen Pilz-basierten Kult zu dechiffrieren versuchte, und daß sein Buch die Liedermacher Witthüser und Westrupp in den frühen Siebzigern zu der Langspielplatte ›Jesuspilz‹ anregte?«

Das Thema lohnt eine Hinterfragung. Was hatte Moses dagegen, daß die Menschen ihr Gold, ihren Privatbesitz auf einen (kommunalen) Haufen warfen, um sich ein gemeinsames Symbol daraus zu bauen? Man tanzte und schwofte zusammen, freute sich gemeinsam an der kollektiven Überwindung des Materialismus. What's so funny about love, peace and understanding? War es nur der Neid Moses', der die schweren Steinplatten in der großen Hitze vom Berg schleppen mußte? Waren keine Pilze mehr für ihn da?

Sollte man nicht ein Revival des Goldenen Kalbes einläuten? Wer weiß weitere Interpretationen und Geschichten um selbiges? Gibt es Illustrationen zu diesem Thema, die den Kern der Sache treffen?

Wir nehmen jeglichen sachdienlichen Hinweis herzlich gern entgegen.